中国儿童核心素养培养计划

课后半小时 小学生阶段阅读

文化基础 ✕ 自主发展 ✕ 社会参与

寻找科学

拥有发现科学的眼睛

006

课后半小时编辑组 ■ 编著

北京理工大学出版社
BEIJING INSTITUTE OF TECHNOLOGY PRESS

核心素养之旅

Journey of Core Literacy

中国学生发展核心素养，指的是学生应具备的、能够适应终身发展和社会发展的必备品格和关键能力。简单来说，它是可以武装你的铠甲、是可以助力你成长的利器。有了它，再多的坎坷你都可以跨过，然后一路登上最高的山巅。怎么样，你准备好开启你的核心素养之旅了吗？

文化基础

科学基础

- 第 1 天 万能数学 ‹ 数学思维
- 第 2 天 地理世界 ‹ 观察能力 地理基础
- 第 3 天 物理现象 ‹ 观察能力 物理基础
- 第 4 天 神奇生物 ‹ 观察能力 生物基础
- 第 5 天 奇妙化学 ‹ 理解能力 想象能力 化学基础

科学精神

- **第 6 天 寻找科学 • 观察能力 探究能力**
- 第 7 天 科学思维 ‹ 逻辑推理
- 第 8 天 科学实践 ‹ 探究能力 逻辑推理
- 第 9 天 科学成果 ‹ 探究能力 批判思维
- 第 10 天 科学态度 ‹ 批判思维

人文底蕴

- 第 11 天 美丽中国 ‹ 传承能力
- 第 12 天 中国历史 ‹ 人文情怀 传承能力
- 第 13 天 中国文化 ‹ 传承能力
- 第 14 天 连接世界 ‹ 人文情怀 国际视野
- 第 15 天 多彩世界 ‹ 国际视野

自主发展

学会学习

- 第 16 天 探秘大脑 ‹ 反思能力
- 第 17 天 高效学习 ‹ 自主能力 规划能力
- 第 18 天 学会观察 ‹ 观察能力 反思能力
- 第 19 天 学会应用 ‹ 自主能力
- 第 20 天 机器学习 ‹ 信息意识

健康生活

- 第 21 天 认识自己 ‹ 抗挫折能力 自信感
- 第 22 天 社会交往 ‹ 社交能力 情商力

社会参与

责任担当

- 第 23 天 国防科技 ‹ 民族自信
- 第 24 天 中国力量 ‹ 民族自信
- 第 25 天 保护地球 ‹ 责任感 反思能力 国际视野

实践创新

- 第 26 天 生命密码 ‹ 创新实践
- 第 27 天 生物技术 ‹ 创新实践
- 第 28 天 世纪能源 ‹ 创新实践
- 第 29 天 空天梦想 ‹ 创新实践
- 第 30 天 工程思维 ‹ 创新实践

总结复习

- 第 31 天 概念之书

中国儿童核心素养培养计划

课后半小时 小学生阶段阅读

文化基础 ✖ 自主发展 ✖ 社会参与

006

卷首

FINDING 发现生活

EXPLORATION 上下求索

COLUMN 青出于蓝

THINKING 行成于思

卷首

科学就在你身边

提起科学，你能想到什么呢？是科学课上那些晦涩难懂的知识？是凝聚在时代前端的尖端武器和超级工程？还是历史上熠熠闪光的科学家们？无论哪种，这些联想都指向一个隐藏的共同点——科学离你很远，与你的生活无关。真的是这样吗？

现在，让我们来回顾一下你的一天——不，还是一个早晨吧，这足够了——看看有没有新发现。

清晨，你在洒满阳光的卧室醒来，感到神清气爽。别急着下床，你有没有发现，太阳似乎总是从东边升起，从西边落下？你有没有想过，这是为什么？如果你对自然现象的兴趣有限，那你好不好奇，为什么睡觉可以使身体得到休息？在你睡觉的时候，身体里发生了什么？

你走下床，被厨房里传来的香喷喷的味道吸引，原来是妈妈正在做早餐。等等，先暂停一下，把口水咽下去，现在是提问的环节！食物明明在厨房里，为什么你远远就闻到了香味？闻到香味之后，为什么你的嘴巴开始自动流口水？

你急不可待地走进厨房，看到妈妈正在忙碌，这里有火，有热气，还有即将出锅的食物。你很想吃，但在食物做熟之前，妈妈是不会让你碰的，所以，不如观察一下四周吧！瞧，火焰是黄色和蓝色的，而且一直在动，它不像桌子那样维持着固定的形状，火到底是什么物质？热气不断从锅里冒出来，这些热气又是什么？是怎么产生的？妈妈让你耐心

地等食物做熟再吃，食物是怎么被做熟的？从生到熟之间，食物发生了什么变化？如果你不听妈妈的话，偷吃了生食会怎么样？当然了，我劝你不要随便尝试。

早餐终于完成了,你和爸爸妈妈一起坐到餐桌上吃东西，你刚准备抓起食物，就被妈妈训斥了，原来你忘了一件重要的事——洗手！你不情不愿地去卫生间打开水龙头，打上香皂，你的小手很快就被泡泡“淹没”了。那么问题来了，为什么饭前要洗手？为什么洗手要用水？为什么香皂可以产生大量的泡泡？这些泡泡是怎么帮你把手洗干净的？

洗完手之后，你再次坐到了餐桌前，和爸爸妈妈愉快地度过了早餐时间。别以为到这里就结束了，你看看自己和爸爸妈妈的长相，是不是有点像？或者非常像？你难道不好奇吗，为什么你们的长相有相似之处？作为爸爸妈妈的孩子，你是怎么出生的呢？

好了，就先回顾到这里吧，虽然只是一个短暂而又普通的早晨，但你是不是已经发现了无数亟待解决的问题？而这些问题实际上都是与科学有关的！行了，以后可别觉得科学与生活无关了，科学一直坦坦荡荡地围绕在你身边，只是你没发现而已！

汪诘
科普作家，文津图书奖获奖作者

看不见的网

生活中，有很多东西我们习以为常，但却看不见、摸不着，比如……

撰文：陈景熙

网？我怎么
看不见？

其实，空中和地下都布满了一种网，只是人们没有注意到而已。

CRISPS
还有广告屏、摄像头，甚至共享单车的车锁，都是这张网上的节点！
哇，这么复杂？！

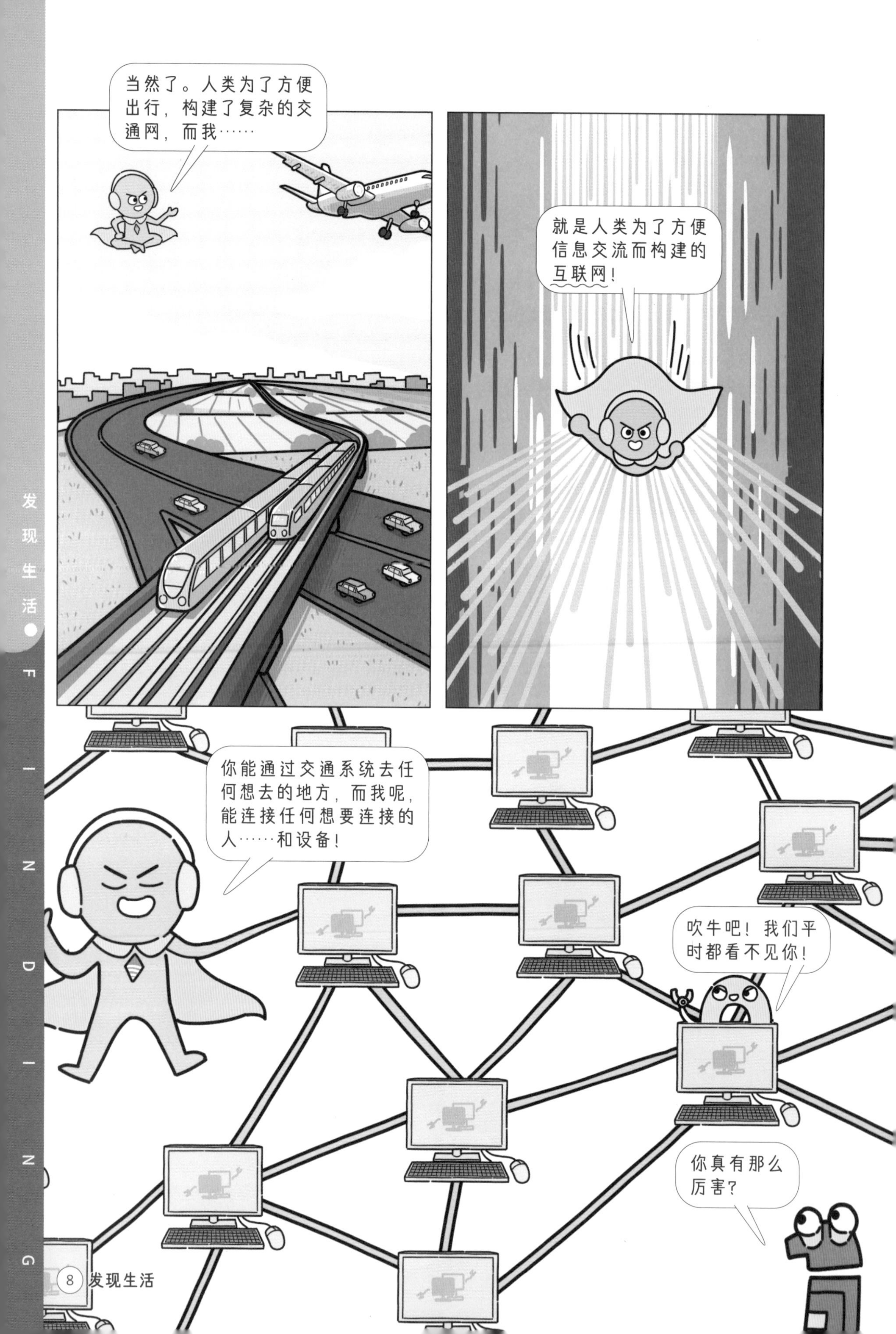
当然了。人类为了方便出行，构建了复杂的交通网，而我……
就是人类为了方便信息交流而构建的互联网！
你能通过交通系统去任何想去的地方，而我呢，能连接任何想要连接的人……和设备！
吹牛吧！我们平时都看不见你！
你真有那么厉害？
发现生活
FINDING

我能让隔着大洋的两个人面对面通话！

我还能让大气层外的卫星给人提供定位服务！

上网课时，我能连接老师和学生。

购物车
购物时，我能连接商家和顾客。
XXXX
¥111
¥49.9

点外卖、看新闻、打网游，全都离不开我！
New
看不见的东西，还能有这么多用途？

找一找，你身边还有哪些看不见、摸不着但很有用的事物？

和互联网相似的东西还有很多，它们看不见、摸不着，但是很有用！

是什么支撑着人类，使他们没有倒下？

你为什么能听到小鸟在唱歌？

是什么使你感到冷或者热？

一刻也不停地呼吸，到底吸入了什么？又呼出了什么？

这些事物到底是什么？真的无法被“看到”吗？

我发现了!

撰文：硫克
美术：贺俊丹

相传，有一个国王命工匠做了一顶纯金的王冠，但做好之后，国王觉得王冠不是纯金的，认为是工匠偷偷拿走了一部分金子。国王不想破坏这个王冠，但又想检验它是不是纯金的，于是就请来了阿基米德。一开始，阿基米德也无计可施。直到有一天，他像往常一样洗澡，当他坐进浴桶之后，看到很多水溢出了桶外，突然想到了一个好办法!

阿基米德来到王宫，把王冠和同等重量的纯金块放到两个大小相等并且盛满水的盆子里，然后比较从两个盆中溢出来的水，最后证实王冠果然不是纯金的。

原来，在洗澡的时候阿基米德发现了一个现象，他坐进浴桶后，因为浴桶里能装的物体多少有限，所以他把桶里的水都“挤”到了桶外，而从桶里溢出的水的体积和他浸入水中的体积是一样的。

如果王冠是纯金的，放王冠的盆里溢出的水量就应该和放纯金块的盆里溢出的水量相同。但事实是两个盆溢出的水量不同，所以证明王冠里掺杂了其他金属!

这个科学原理叫作浮力定律：物体在静止液体中获得的浮力，等于它排开的液体的重量。

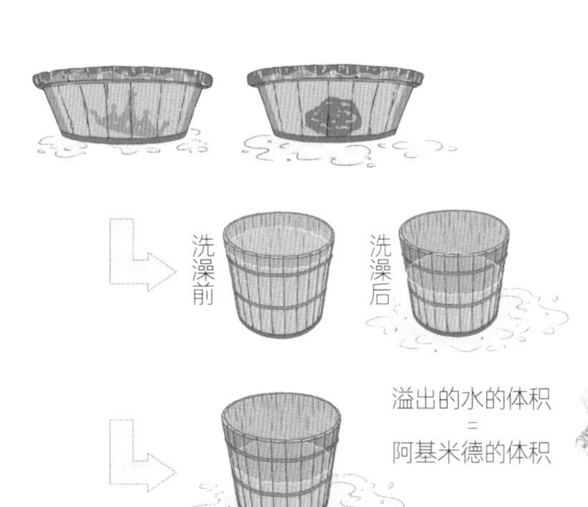

用浮力解决问题

撰文：一喵师太
美术：Studio Yufo

小伙子，想知道它有多重
其实很简单，只要用上你
身后那艘船就好了啊。
啊……你是谁？

我是力大侠，所有和力有
关的问题我都能解决！
真的吗？你能
把船变成一个
大号的秤吗？

不需要，只要利用河水的浮力，
就可以知道小象的重量啦！
浮力？什么叫浮力？

落花顺着小溪漂浮，天鹅在湖面
上戏水，帆船在大海中航行……
这都是浮力的功劳。

浮力，一般指的是物体在液体中受到的竖直向上的力。任何一个物体落入水中，都会受到浮力的作用。
浮力
谁掉下来我都托着！

让一让呗？
物体放入水中的时候，会把水“挤走”。

让我进去！
我就不！
为了不被物体“挤走”，水会用尽全身的力气奋起反抗。

当物体浮在水中且保持静止不动的时候，浮力的大小就等于物体重力的大小。
那怎么能知道浮力的大小呢？

船会告诉你的！
啊？
问我，问我，我知道！

那我应该怎么计算呢?
船体下降的深度，叫作“吃水深度”。吃水越深，浮力就越大。

这是一个复杂的计算题，由我来帮你解决吧!
这么难啊……

先量一下这个船有多长……
再量一下这个刻痕有多高……
嗯……

我知道了!
啊?我还没算出来呢……

吃水深度 = 吃水深度
吃水深度
吃水深度
我们用这些石子把船填满，让船回到吃水深度，这样，船上的石子有多重，就等于小象有多重了，对不对?
哇，聪明!我都没想到!

江湖往事

这篇小故事改编自三国时期著名的故事——曹冲称象。其实，曹冲称象并不是古代中国唯一利用浮力原理测量物体重量的故事。早在春秋战国时期，燕昭王得到了一只大野猪，养了它很多年，野猪长得越来越大，燕昭王非常高兴，想知道它的重量，可是折断了很多秤杆也称不出大野猪的重量。于是，燕昭王命令仆人把大野猪放到了船上，用浮力得出了大野猪的重量。可见，古人对于浮力在生活中的应用已经有了一定的认识。

为什么有的东西能浮在水上，有的东西会沉在水里？

虽然水中的物体都受到浮力的影响，但你一定也发现了一些不同：一艘船可以漂在水面，一块石头却会沉在水里，或者说，同样的物品，在这片河流里会沉底，但在另外一片湖里却能浮起来，这究竟是怎么回事呢？

撰文：一喵师太
美术：Studio Yufo

世间万物都是由很小的微粒组成的，这种微粒一般称为“分子”。水也是由无数水分子组合而成的。
分子在不同物质中的分布是不同的。西瓜和足球看上去一样大，但西瓜却比足球重得多，是因为西瓜内部的分子多，足球内部的分子少。

分子分布的平均疏密程度叫作密度。固体的密度大于水，就会沉底；密度小于水，就会浮在水面。

液体的密度越大，浮力就越大；液体的密度越小，浮力就越小。亚洲西部有一片“死海”，因为密度很大，人可以不借助任何设备就浮在水面上。

主编有话说

其实，浮力只是生活中常见的一种力，在物理学中，人无时无刻不受到力的影响，这些力的种类和方向都不一样，对人产生的影响也各不相同。现在你可以好好思考一下，本书开篇的两个人为什么可以互相斜拉着对方而不摔倒，这其中都涉及哪些力？

声音的奥秘

本文撰稿人：一喵师太
本文绘者：Sthdio Yufo

现在，让我们回忆一下早上上学路上的场景吧！你能听到小鸟在树上唱歌，也能听到汽车在路上鸣笛，那么，这些声音到底是怎么出现的呢？

风吹过营帐，是帆布振动的声音。
呼~
人敲动战鼓，是鼓面振动的声音。
咚~
咚~咚~
乐器也是这样的。
当我们拨动琴弦的时候，琴弦就会快速振动起来，发出声音。如果让琴弦停止振动，声音也就消失了。
当我们吹气时，乐器内部的空气会受气流影响而相互撞击，从而产生振动，发出声音。
嗡~

为什么每个人说话的声音都不一样？

撰文：一喵师太
美术：Studio Yufo

这就要从人体构造说起了。每个人的喉咙中都有两片薄薄的肌肉，这两片肌肉虽然看上去不起眼，但它们却组成了人体唯一的发声器官——声带。当人说话的时候，气息会穿过声带的缝隙，使声带发生振动，再加上唇、齿、舌的配合，就能发出声音了。

那么，为什么每个人说话的声音不一样呢？这是因为每个人声带的长短、薄厚都不尽相同。一般来说，大部分男性的声带长而宽，所以声音听起来低沉厚重；大部分女性的声带短而狭，所以声音听起来高亢纤细。

可是，人的声音并不是一成不变的。每一个 13~16 岁的青少年都会经历一个“变声期”，在这个阶段，人的声带会充血、水肿，导致喉咙不适，说话声音也很嘶哑。大部分情况下，男生的声音变化会比女生明显。在变声期内，要多喝水，控制说话音量，才能保证声带不会受到损伤。度过变声期后，人们就能拥有更加饱满、更加好听的声音了。

奇妙的回声

声音虽然看不见、摸不着，但神奇的是，声音和其他物体一样，可以被挡住！这不是什么罕见的现象，我敢说，你在生活中一定遇到过……

当我们在山谷中大喊时，会听到山谷在重复我们的话。这是因为声音碰到障碍物时会弹回来，这被称为“回声”。

撰文：十九郎

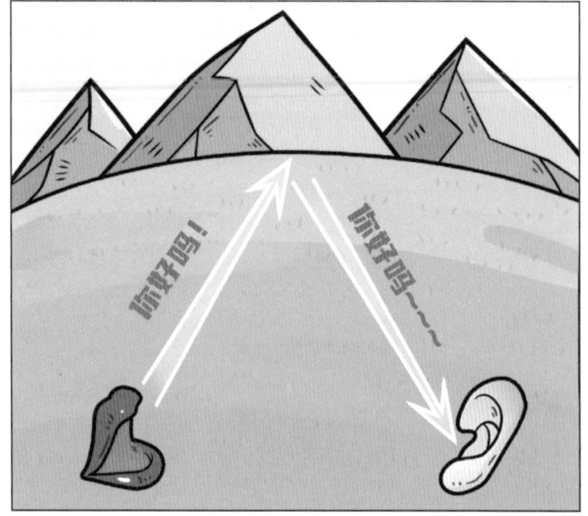

主编有话说

蝙蝠飞行时会发出尖锐的叫声，并用灵敏的耳朵收集周围传来的回声。回声会告诉蝙蝠附近物体的位置和大小，以及物体是否在移动。这个能力被称为“回声定位”。没想到吧？声音其实也会被阻挡！

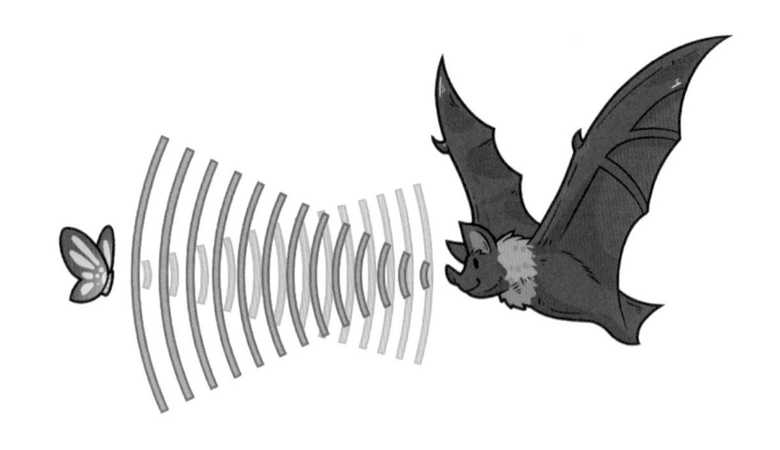

看见声音

跟我一起做一个趣味小实验吧，我保证，实验结果会让你惊奇！

用橡皮筋把塑料膜绷在小瓷碗口上，把塑料膜整理平整，把一小勺盐粒均匀洒在塑料膜上。把另一个碗的碗口朝下，倒扣在桌面上，两只碗靠在一起。嘴靠近碗口，大声喊出“我最厉害”。观察一下，塑料膜上的盐粒有什么变化？用勺子敲击倒扣着的碗，塑料膜上的盐粒有什么变化？

盐跟着你的敲击，跳起来了！这背后其实隐藏着一些小知识。

当你对着盐粒喊叫时，声音会产生看不见的波纹，这就是“声波”。声波拥有能量，所以才能让盐粒跳动。当你敲碗时，声波就顺着碗壁跑到了另一只碗上，让盐粒跳了起来。这就证明声音可以在固体中传播。

撰文：一喵师太
美术：Sthdio Yufo

主编有话说

声音不仅可以在空气中传播，还可以在液体、固体中传播，我们把可以传播声音的物质称为“介质”。在真空中，因为缺乏传播介质，所以声音无法传播，在没有空气的太空里，周围总是静悄悄的！

撰文：一喵师太
美术：Studio Yufo

危险的轮胎

温度也是生活中不可见的事物之一，但我们的身体却能对冷热变化作出反应，同样，那些看起来一成不变的物质，其实也会跟随温度变化而变化！不信的话，就来看看我朋友最近的经历吧！

今天遇见了一件倒霉事。我在路上一边散步一边吃雪糕，身边的一辆小汽车突然歪七扭八地朝着我撞了过来。要不是我躲得快，现在就要被撞成纸片人了。

开车的司机也吓了一跳，不知道他的车为什么会失控。我仔细一看，原来是这辆车的轮胎爆胎了。爆胎是经常发生交通事故的原因之一，会给车辆和行人带来很大的危险。

那么，为什么会发生爆胎呢？

别看汽车的轮胎不起眼，其实，轮胎可是非常娇贵的“小公主”，如果车上装载的东西太多，车辆超重，轮胎承受不住，就会发生爆胎；汽车在高速行驶的过程中突然刹车，轮胎承受了巨大的摩擦，也会发生爆胎。除此以外，还有一个非常重要的因素，也会导致爆胎，那就是温度。

物理学中有一个常见的现象，叫作“热胀冷缩”。当温度升高时，物体受热，体积就会慢慢膨胀起来；当温度降低时，物体受冷，体积就会慢慢缩小。

“热胀冷缩”究竟是怎么一回事呢？物体内分子、原子的运动速度是会受到温度影响的。温度升高时，它们的运动速度就会变快，运动的范围也会变大。

就拿轮胎来说吧。在温度正常的时候，轮胎里的气体分子就像是在慢悠悠地散步，虽然空间不大，但是大家并不觉得拥挤、闷热。可是，一旦温度变高了，气体分子开始乱窜，想要离开闷热的轮胎，冲到外面去“凉快一下”。轮胎内原有的空间不足以让气体分子自由活动，就只能通过爆炸来释放压力了。

所以，在夏天千万不要往汽车或者自行车轮胎里打太多的气，否则很容易就爆胎啦。

秘密日记

任何事物都逃不过热胀冷缩的规律，只是程度大小的问题。利用这个规律，我们可以轻松地给番茄去皮——用热水烫一下。番茄的果肉比外皮更容易受热膨胀，在被热水浇灌之后，会膨胀到撑裂外皮。因此，烫后再去皮就方便多了！

温度与大自然

撰文：硫克
美术：王婉静 杨子 等

温度可以影响没有生命的物质，当然，也可以影响生命本身。在大自然中，有一类生物甚至完全依赖外界温度生活，它们就是爬行动物。

爬行动物的体温会随着环境的温度而变化，所以被称为变温动物。

大多数爬行动物无法在寒冷的地方生活，会被冻出内伤的！
怪不得冬天见不到蛇！

有人说，爬行动物是冷血动物，其实这是不准确的，只要环境合适，它们也可以“热血沸腾”！

顺便说一下，鸡的体温一般恒定在41℃左右，而狗的体温大约38℃。
!!
我懂了！恒温动物能更好地应对气温变化，所以在寒冷的环境中也能正常活动！

实际上，在所有的动物种类里，只有鸟类和哺乳动物可以维持恒定的体温，所以被称为恒温动物。

恒温动物虽然可以维持恒定的体温，但并非对温度毫无察觉，不信你看看，这位被冻得直流鼻涕的猪先生，它刚从温暖的南方来到寒冷的北方。

▶延伸知识

由于地理环境差异巨大，在冬天时，我国南北方的温差可达到30~50℃。

北方好冷啊……
南方这时候还穿短袖衫呢……
南方

凉爽的丝绸

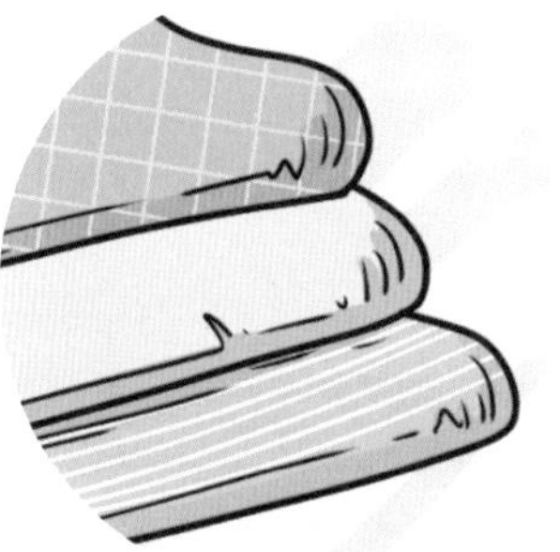
凉爽的涤纶

保暖的羊毛衫

保暖的羽绒服

为了在寒冷时温暖起来，在炎热时凉爽下来，人们灵活利用各种资源，还发明了一些独特的布料。瞧，温度时刻影响着我们的生活！

温度变化对人们的影响这么大，可你知道为什么会有温度变化吗？

实际上，我们周围的温度变化全都离不开地球外层的大气层，它就像一个大棉袄一样，把地球牢牢包裹着。

你看不见我，看不见我……

我是一个透明的气体分子。

地球也穿大棉袄

无数气体分子组成了地球上厚厚的大气层。

撰文：硫克

我们所在的大气圈、生物圈、水圈组成了地球的外部圈层。
大气圈
水圈
生物圈

大气层作为“地球的外衣”，对地球上的生命有着非常重要的意义。

这可不是普通的外衣，是厚实的“大棉袄”！

“大棉袄”足足有三层！大气圈分为高层大气、平流层、对流层。

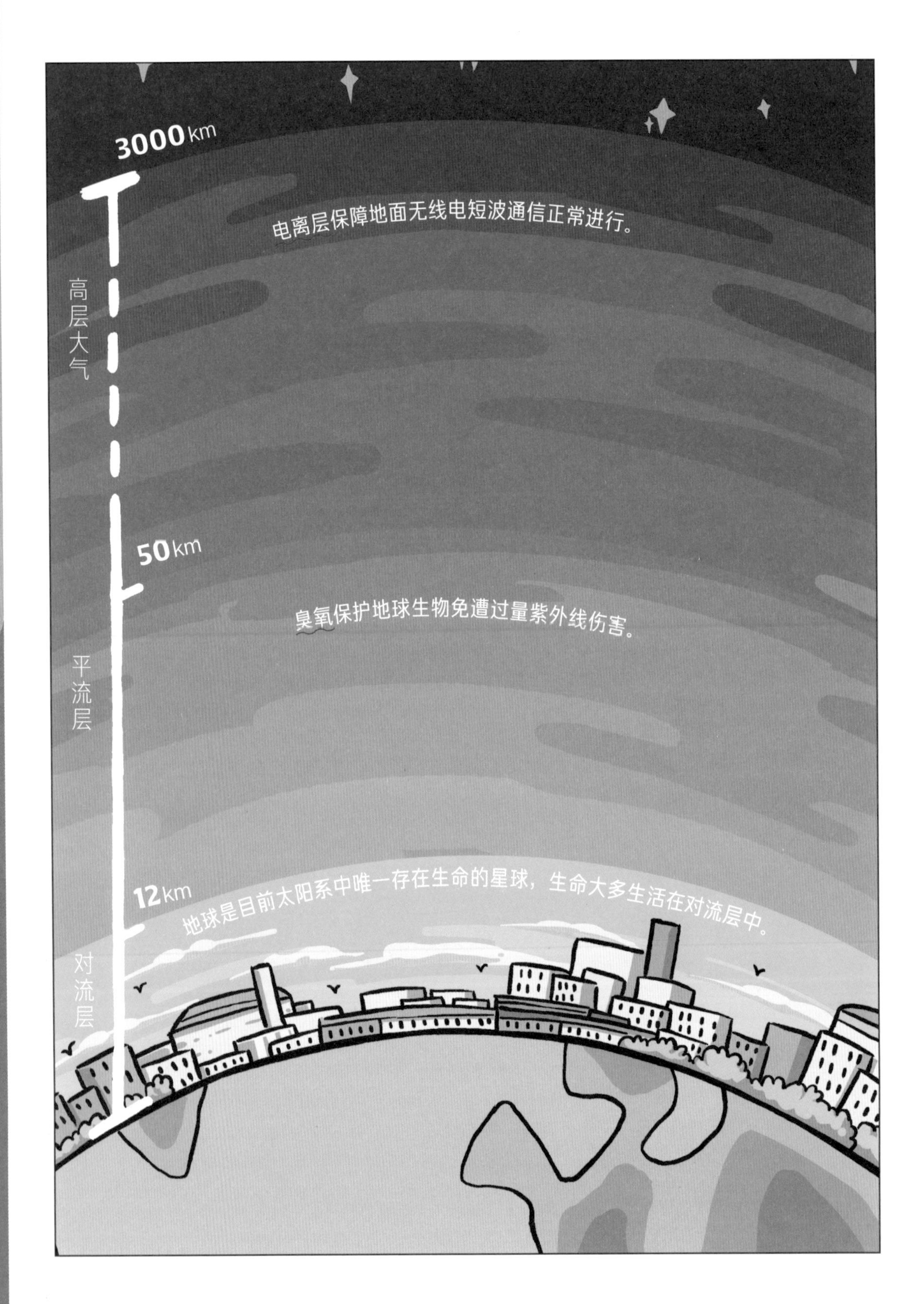
3000km
电离层保障地面无线电短波通信正常进行。
高层大气
50km
臭氧保护地球生物免遭过量紫外线伤害。
平流层
12km
地球是目前太阳系中唯一存在生命的星球，生命大多生活在对流层中。
对流层

水蒸气历险记

撰文：十九郎
美术：Studio Yufo

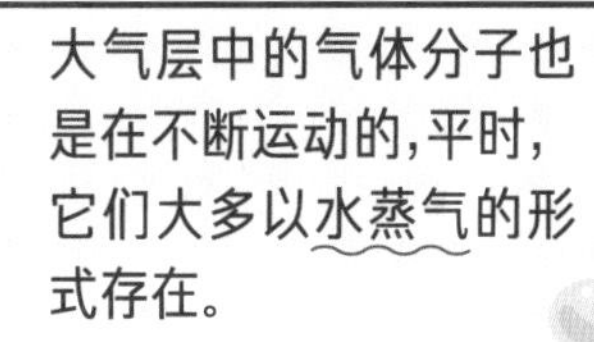

大气层中的气体分子也是在不断运动的，平时，它们大多以水蒸气的形式存在。
起飞啦！
水蒸发后会形成水蒸气。

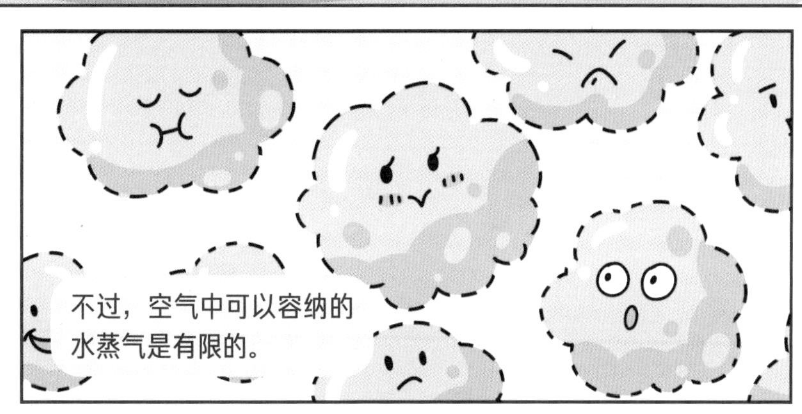

不过，空气中可以容纳的水蒸气是有限的。

20
气温高的时候容纳得多。

气温低的时候容纳得少。
15
当气温下降时，空气中的水蒸气如果已经饱和，就会被迫现身，形成许许多多的小水滴。

这时候，如果没有风把小水滴们吹散，它们就会聚集起来，形成雾。
哈哈，仙气飘飘，我太美啦！
雾
由空气中悬浮在地面附近的微小水滴或冰晶组成的天气现象，常出现在夜间或清晨。
我不想继续待着了，我想飞起来，去更高的地方！
明白啦，那我来帮你吧！加热加热！
哈哈，变身啦！
在太阳的照射下，地面附近的气温会升高，空气中的含水量就不再饱和了，这时雾中的水滴都会变成水蒸气。

我也来帮忙，变冷变冷！
当水蒸气随着热空气上升到高空时，又会遇到冷空气。

耶！大变活云！
和雾的形成情况类似，高空中的水汽达到饱和，并且温度降低时，又会形成许多小水滴，这就是“云”。

哈哈！好高啊！
云通常都飘在 1000 米以上的高空中。不过，云有时候会被风吹跑。
风是怎么形成的？
太阳光会使地表温度升高。
加热加热！
热空气
我来啦！
风
空气受热膨胀，会变轻并往上升。
这时，旁边的冷空气横向流动过来，就形成了风。
冷空气
呼呼……
哈哈！真好玩！
风速越大，云的移动就越快。

现代生活的隐形帮手

撰文：陈景熙

现在，让我们回到一开始那张看不见的互联网上来。互联网真的有它自己说的那么厉害吗？互联网到底有什么用呢？我们一起来看看吧！

远程指挥挖掘机

港口的货物装卸

精细的远程外科手术

身临其境的 VR（虚拟现实）直播

互联网不仅可以进行云计算和云存储，还可以上传照片、日记和本地磁盘放不下的大文件！

云
备份副本
安全高效
云存储
云计算

人类的生活方式因为我而改变！我相信，我能做到的事情还有更多！

那我就拭目以待啦！

COLUMN

青出于蓝

如何发现生活中的科学？

汪诘

科普作家、科普演讲家、科学声音首届轮值秘书、文津奖图书获奖作者。

答 读完这本书，相信你对看不见、摸不着的东西有了更深入的了解，而这些背后所隐含的都是科学。当然了，科学也并非全都“隐形”，很多显而易见的现象里也有科学的踪影。可是，科学就像一个喜欢捉迷藏的孩子，如果你不花点儿心思找它，它是不肯出来的！

和科学这个“孩子”打交道不是靠体力，而是靠智慧。如果你平时不爱学习和思考，你可能一辈子都找不到它。相反，如果你善于观察，善于思考，你就会不时地与它相遇。假如你在吃饭的时候琢磨起筷子怎么能夹住食物，在脱衣服时想到为什么会产生噼里啪啦的火花……这时科学就会战战兢兢，开始担心自己被发现了。如果你浅尝辄止，到这里就不再深入了，那就相当于打草惊蛇，科学立刻就会换个地方重新藏起来。

如果你还想找到它，就需要学会另一个方法，那就是思考。

思考与观察同样重要。科学很喜欢善于思考的人，

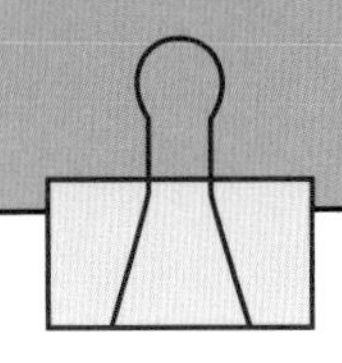

你尽可以天马行空地想象，提出一种你认为合理的假设。接下来，你要开始证明这个假设，不管是通过实验，还是通过计算，只要你能证明自己是对的，科学就无处可逃了。不过，要证明自己是对的并不容易，更别说人们总是在犯错了！

即使你历经千辛万苦终于发现了科学，也万万不能掉以轻心，你要牢牢抓住自己找到的线索，继续往深处研究，往远处研究，往高处研究，直到你的研究再登上一个阶梯，发现一个崭新的世界，你就能再次抓到科学。

这听起来很难，但也不要害怕，不妨从身边的小事先着手开始吧！我先前已经给你讲过，著名科学家阿基米德通过观察洗澡时溢水的现象，发现并利用浮力识别出了造假的王冠。你耳熟能详的那些科学家，往往也是从生活入手得出了伟大的结论。

有一句话说，“世界上本不缺少美，只是缺少一双发现美的眼睛”，同样，世界上本不缺少科学，只是缺少一双发现科学的眼睛。

现在就和我一起，开始发现科学之旅吧！

THINKING 头脑风暴

选一选

01 水拥有（ ），所以可以使一些物体漂在水上。

A. 重量

B. 浮力

C. 重力

四年级 科学

02 （ ）可以改变水的浮力大小。

A. 改变水的密度

B. 改变水的重量

C. 改变水的方向

八年级 物理

03 声音是通过物体（ ）产生的。

A. 抖动

B. 震动

C. 振动

八年级 物理

04 声音在（ ）中不能传播。

A. 固体

B. 液体

C. 真空

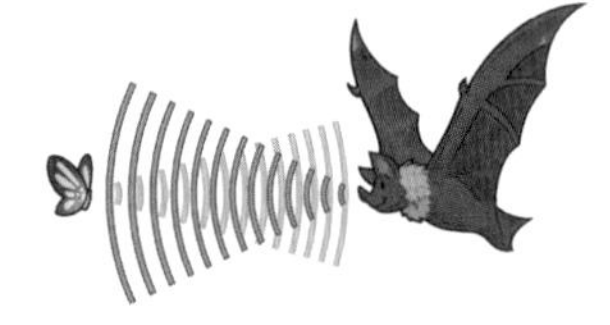

八年级 物理

05 （ ）不是互联网的功能。

A. 云存储

B. 存储电子照片

C. 存储食物

初中信息技术

06 气体、固体、液体都是可以传播声音的 ______ 。

八年级 物理

07 同样大小的西瓜比足球重得多, 是因为西瓜的密度更 ______ ,
足球的密度更 ______ 。

八年级 物理

08 物体受热时会 ______ ， 遇冷时会 ______ 。

三年级 科学

09 ______ 就像一个大棉袄一样裹在地球周围。

六年级 科学

10 根据是否可以调节体温，可以把动物分成两类,
分别是 ______ 和 ______ 。

八年级 生物

名词索引

头脑风暴答案

1.B
2.A
3.C
4.C
5.C
6. 介质
7. 大，小
8. 膨胀，收缩
9. 大气层
10. 恒温动物，变温动物

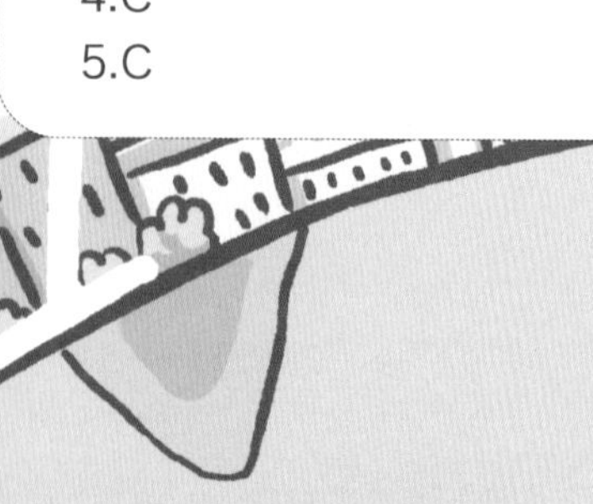

致谢

《课后半小时 中国儿童核心素养培养计划》是一套由北京理工大学出版社童书中心课后半小时编辑组编著，全面对标中国学生发展核心素养要求的系列科普丛书，这套丛书的出版离不开内容创作者的支持，感谢米莱知识宇宙的授权。

本册《寻找科学 拥有发现科学的眼睛》内容汇编自以下出版作品：

[1]《这就是计算机：万物互联》，人民邮电出版社，2021 年出版。

[2]《进阶的巨人》，电子工业出版社，2019 年出版。

[3]《物理江湖：力大侠请赐教！》，北京理工大学出版社，2022 年出版。

[4]《物理江湖：声大侠请赐教！》，北京理工大学出版社，2022 年出版。

[5]《物理江湖：热大侠请赐教！》，北京理工大学出版社，2022 年出版。

[6]《欢迎来到博物世界：公园》，北京理工大学出版社，2022 年出版。

[7]《欢迎来到博物世界：我的家》，北京理工大学出版社，2022 年出版。

[8]《这就是生物：生命从细胞开始》，北京理工大学出版社，2022 年出版。

[9]《这就是生物：上天入海寻踪生命》，北京理工大学出版社，2022 年出版。

[10]《这就是地理》，北京理工大学出版社，2020 年出版。

[11]《新武器驾到：空天战队——战斗机驾到》，电子工业出版社，2022 年出版。

图书在版编目（CIP）数据

课后半小时：中国儿童核心素养培养计划：共31册/课后半小时编辑组编著. -- 北京：北京理工大学出版社, 2023.5

ISBN 978-7-5763-1906-4

Ⅰ. ①课… Ⅱ. ①课… Ⅲ. ①科学知识－儿童读物 Ⅳ. ①Z228.1

中国版本图书馆CIP数据核字(2022)第233813号

出版发行／北京理工大学出版社有限责任公司
社　　址／北京市海淀区中关村南大街5号
邮　　编／100081
电　　话／（010）82563891（童书出版中心）
网　　址／http: //www. bitpress. com. cn
经　　销／全国各地新华书店
印　　刷／雅迪云印（天津）科技有限公司
开　　本／787毫米×1092毫米　1／16
印　　张／83.5
字　　数／2480千字
版　　次／2023年5月第1版　2023年5月第1次印刷
审 图 号／GS（2020）4919号
定　　价／898.00元（全31册）

责任编辑／王玲玲
文案编辑／王玲玲
责任校对／刘亚男
责任印制／王美丽

图书出现印装质量问题，请拨打售后服务热线，本社负责调换